J. M. Calleja

Perfiles

Prólogo de
Belén Gache

Universidad de León
Caligramas
2024

Caligramas, XI
Colección dirigida por Roberto Castrillo y José Luis Puerto

CALLEJA, J. M.

PERFILES / J.M. CALLEJA ; PRÓLOGO DE BELÉN GACHE. — [LEÓN] : UNIVERSIDAD DE LEÓN, SERVICIO DE PUBLICACIONES, 2024.

87 P. : PRINCIPALMENTE IL. COL. Y BL. Y N. ; 22 CM. — (CALIGRAMAS ; 11)

ISBN 978-84-19682-81-9

I. GACHE, BELÉN. II. UNIVERSIDAD DE LEÓN. SERVICIO DE PUBLICACIONES. III. TÍTULO. IV. SERIE

821.134.2-1"19"

Edita: UNIVERSIDAD DE LEÓN. Servicio de Publicaciones
Maquetación: DAVID ALLER LLAMERA

ISBN: 978-84-19682-81-9
Depósito legal: DL LE 452-2024

Imprime: KADMOS
Impreso en España / *Printed in Spain*
Diciembre de 2024

Caligramas

Uno de los rasgos del arte contemporáneo es el de su alianza con la expresión escrita. Diarios, cuadernos, apuntes, notas, aforismos... han servido y siguen sirviendo de cauce para plasmar el proceso creador en que el artista se halla y el sustrato que lo sustenta, dándonos noticias de los mismos a través de la palabra.

Escasean, sin embargo, los medios que recojan la expresión verbal de los artistas y, cuando existen, debido a la falta de acogida adecuada, cuando no al olvido, suelen estar lastrados por la precariedad y la desatención.

Caligramas (continuadora de Plástica & Palabra), como colección bajo el patrocinio de la Universidad leonesa, pretende ser un ámbito que aúne el arte y la escritura; que recoja la expresión verbal de los artistas contemporáneos bajo cualesquiera de los moldes posibles, vaya ésta acompañada o no por bocetos, dibujos u otros apoyos plásticos.

Pretende ser un territorio abierto, en el que tengan cabida aquellos artistas significativos, pertenezcan a una u otra modalidad o corriente, que sean representativos del arte que se crea y convive con nosotros, aunque no lo percibamos en el momento de su gestación.

Pretende ser, en fin, un instrumento que nos ayude a entender mejor, a través de la creación artística y de la palabra, la contemporaneidad que nos toca vivir.

Roberto Castrillo y José Luis Puerto

POESÍA VISUAL: UN POCO DE HISTORIA Y ALGUNAS CLAVES DE LECTURA DE *PERFILES*

Belén Gache

P

La Poesía visual pertenece al gran conjunto de la poesía experimental cuya eclosión se produjo en los años 60, y que se convirtió en un fértil campo de ensayo para las maneras de significar de las palabras y de los signos. Frente a otras formas de poesía experimental — poesía fónica, poesía de los objetos, poesía performática, poesía de medios, video-poesía o, más recientemente, ciber-poesía—, la poesía visual se caracterizaba —y se caracteriza—, además de por hibridar los mensajes lingüísticos y los visuales, por mantener una bidimensionalidad gráfica -heredera de la cartelería, del *advertising*, del grabado-, por tener una fuerte impronta material/artesanal en su diseño, por recurrir a estrategias como el collage y la incorporación de materiales encontrados y por tener una estética generalmente cercana a propuestas conceptuales y efímeras, al margen del mercado y las instituciones. Entre las particularidades de la poesía visual se cuentan la resemantización de los signos dada por la superposición de sistemas semióticos, la propuesta de lectura multilineal —frente a la linealidad propia de la poesía lingüística tradicional—, la universalidad de los mensajes —donde las fronteras entre los diferentes idiomas quedan anuladas—, la voluntad de crear comunidades y redes de poetas y artistas —frente a la voz lírica única, inspirada y genial del poeta moderno—. La poesía visual busca producir una disrupción de los hábitos de lectura rebelándose frente a las tradicionales constricciones impuestas por la gramática.

Heredera de los *ready-mades* de Duchamp, los fotomontajes dadaístas y los collages cubistas, pero también de un amplio abanico que va desde los technopaegnia de Simio de Rodas o los carmina figurata de Rábano Mauro hasta la espacialidad de *El golpe de dados* de Mallarmé, los caligramas de Apollinaire, las palabras en libertad futuristas, los collages de Schwitters, el constructivismo ruso, el letrismo, el situacionismo y el concretismo, la poesía visual se presenta en diferentes formas: caligramática, tipográfica, concreta, ecfrástica, asémica, conceptual, política, híbrida. A la experimentación con signos, los poetas visuales suman también la de las diferentes herramientas, dispositivos y medios de escritura que utilizan como la máquina de escribir, la imprenta, la fotocopia, el mimeógrafo o las tecnologías digitales.

E

En los años 50, encontraremos tres movimientos que serán fundamentales para el desarrollo de la poesía visual: el letrismo, el situacionismo y el concretismo. Para el primero, las nuevas formas poéticas debían partir de los elementos constitutivos del lenguaje, es decir, de las letras. El letrismo se expandió hacia la idea de «hipergrafías», involucrando en sus obras no sólo las letras del alfabeto latino sino también alfabetos y signos de todo sistema escritural conocido y, así mismo, sistemas inventados o signos tomados de otros sistemas semióticos como la geometría o la aritmética. Del letrismo se desprendió, a su vez, un movimiento como el situacionismo, que a diferencia del primero, propiciaba la unión de la práctica artística con la práctica política como una de sus primeras premisas. El situacionismo sería fundamental para el posterior desarrollo de la poesía visual, con una importante estrategia como la del *détournemet*, en la que los mensajes de «la sociedad del espectáculo» eran apropiados, alterados, intervenidos, subvertidos, en una suerte de «guerrilla semiológica» frente a la comunicación de los medios de masas como, en esa época, la prensa gráfica o la televisión.

El concretismo poético, por su parte, surgió simultáneamente en Alemania —donde el poeta suizo-boliviano Eugen Gomringer trabajaba como secretario de Max Bill en la Escuela de diseño de Ulm—, y en San Pablo, Brasil, en torno a la revista *Noigandres*. Los poemas concretos eran concebidos como ideogramas, galaxias de signos, constelaciones léxicas, basados en la materialidad visual de las letras, en las estructuras, las formas, los colores, los espacios de la página y el uso planificado de tipografías.

Ya en los años 60, con un espíritu de época teñido por las teorías de la comunicación, las teorías de la información, el giro lingüístico y la semiótica, del concretismo brasileño surgirán a su vez otras tendencias como la poesía intersignos, el poema semiótico, el poema proceso. «La poesía intersignos es el nombre que se usaba hace quince años para expresar la idea de una poesía creada por la fusión entre signos verbales y no verbales. Al igual que el poema/proceso, la poesía Intersignos propone retirar del signo verbal la exclusividad en la exploración de la materia prima poética», decía en la década del 80 el poeta brasileño Philadelpho Menezes. (1) Para los poetas concretos, la palabra era un signo que podía ser utilizado en la expresión poética, pero no era ni único ni excluyente.

R
____

En la década del 50, la creciente masificación de la información, en las sociedades de consumo, fue generando nuevos modelos de comunicación. Así, proliferaron las escuelas de diseño y de publicidad gráfica junto con una serie de estudios teóricos y críticos acerca de la relación entre arte, comunicación y tecnología.

«Estamos viviendo en la era de la comunicación. Cuando el poder económico pasa de quienes poseen los medios de producción a quienes tienen los medios de información, hasta el problema de la alienación cambia de significado y cada ciudadano de este mundo se convierte en miembro de un nuevo proletariado alienado (…) Los medios de comunicación de masas no son portadores de ideología: son en sí mismos una ideología.» decía Umberto Eco en un famoso artículo. (2)

Frente a la dictadura de la imagen propiciada desde los grandes medios de comunicación, surgía una respuesta de rebeldía militante que retomaba en cierta medida los viejos temas abordados por LEF, la paradigmática revista del constructivismo ruso que conminaba a los poetas a despojarse de todo subjetivismo lírico para convertirse en constructores de una forma de vida social nueva. Fundiendo la ética revolucionaria con la estética experimental, la poesía visual rechazaba la pasividad acrítica de la recepción de la comunicación masiva e incorporaba muchas veces imágenes procedentes de la prensa y la publicidad buscando el extrañamiento y la descontextualización de los mensajes a fin de concientizar y provocar una respuesta crítica por parte del lector.

F
____

La poesía visual nació con un espíritu de insumisión e internacionalismo. A principios de los años 60, surgía en Italia —allí denominada poesía visiva— alrededor de un importante grupo de intelectuales poetas —Eugenio Miccini, Nanni Balestrini— y teóricos de la comunicación —Gillo Dorfles, Umberto Eco, Renato Barilli—. Nacía con una fuerte impronta militante en los albores de los años de plomo en dicho país. En la Francia de esa misma época, marcada por las guerras decoloniales —Indochina y Argelia— y por una fuerte agitación política en el medio universitario, los poetas desplegaban una serie de estrategias publicitarias anónimas y de resistencia a partir de carteles, *flyers*, grafitis. En la poesía visual francesa convivían muy diferentes formas que iban desde los libros de *collages* realizados por Guy Debord y Asger Jorn hasta el espacialismo o la poesía concreta; desde las propuestas de Ilse y Pierre Garnier o Jean François Bory hasta las de Henri Chopin. En Portugal, la poesía visual buscaba una intervención directa de la realidad social, primero, con sus propias guerras decoloniales africanas y bajo la dictadura de Salazar, con un espíritu de resistencia, protesta y denuncia y, luego de 1974, con Revolución de los claveles, en la forma de obras anónimas, públicas, urbanas y espontáneas -cartelería, grafitis-. Igualmente, desde la Europa soviética, una potente poesía experimental acompañaba los cambios políticos propios de los años 60. De estas manifestaciones dan cuenta hoy importantes fuentes como el Archivo de György Galántai, en Budapest, o el Archivo de Ruth y Robert Rehfeldt, en la RDA (República Democrática Alemana).

En Cataluña, la poesía visual destacó tempranamente con pioneros como Joan Brossa, Josep Iglésias del Marquet y Guillem Viladot. Más allá de esto, el panorama general español estaba marcado por el tardofranquismo, la falta de información y aislamiento, la censura y la autocensura. En ese contexto, cabe destacar la importante tarea divulgativa de los movimientos neovanguardistas internacionales llevada a cabo por Julio Campal, poeta uruguayo de origen español, afincado en la Península desde 1962. (3) Campal se convirtió en el principal difusor en España de la poesía experimental. (4) De allí que, en los años 70, podamos encontrar ya importantes poetas visuales como Francisco Pino, Juan Hidalgo, José Luis Castillejo, Campal, Boso, Millán y, a partir de la siguiente década, los de Gustavo Vega, J.M. Calleja, Antonio Gómez o Bartolomé Ferrando, quienes incursionaron a su vez en formatos como el mail-art, el poema objeto o la poesía performática.

En cuanto al ámbito americano, más allá del rol pionero de Brasil, hacia fines de la década del 60 aparecieron importantes movimientos de «novísima poesía» —como se llamaba allí la poesía experimental en aquellos años—. En México, encontramos a tres destacados poetas experimentales: Mathias Goeritz, Felipe Ehrenberg y Ulises Carrión. Por su parte, en Sudamérica tendremos importantes referentes: en Uruguay, Clemente Padín; en Argentina, Edgardo Antonio Vigo y, en Chile, Guillermo Deisler. Cabe mencionar que, en esos años, el panorama sociopolítico de esos países estaba determinado por una fuerte represión política que desembocaría en abierto terrorismo de Estado —el fatídico Plan Condor—. La persecución a los movimientos de denuncia y resistencia motivaron que Padín fue encarcelado, que uno de los hijos de Vigo fuera secuestrado y asesinado por los militares y que Deisler tuviera que exilarse en la RDA.

I
____

La poesía visual apareció desde sus inicios ligada a un carácter alternativo, marginal, por fuera de circuitos hegemónicos del arte. A fines de la década de 1960, el artista Robert Filliou proponía el concepto de «Eternal Network» (Red eterna) en referencia a un entramado de creadores trabajando en colaboración, fuera del mercado y las instituciones, dedicándose a crear canales de comunicación y circulación de obra descentralizados y horizontales. Así fue cómo surgió el «arte de redes», que cuestionaba el concepto de artista como genio creador, aislado en su torre de marfil, y también la obra entendida como mercancía. Sus propuestas eran colectivas y colaborativas y sus obras múltiples. La poesía visual prosperaba en este tipo de redes que se iban formando a partir de antologías, exposiciones, ediciones conjuntas, arte correo, encuentros, festivales, carpetas colectivas, revistas ensambladas, archivos, en una horizontalidad no jerárquica en la que no existían fronteras y todos hablaban un lenguaje común: "la lengua desaparece en su _medium_, pero el _medium_, la escritura, se convierte de la misma manera en una lengua", decía en aquella época el poeta alemán Franz Mon (5) La idea de red encontraría su apogeo años después con la llegada de Internet.

De este espíritu comunitario dan cuenta las prolíficas tramas de contactos formados, por ejemplo, desde las periferias de la Guerra Fría, entre América Latina y Europa del Este con la correspondencia entre Paulo Bruscky (Brasil) y Robert Rehfeldt (Berlin oriental) —intercambiando poesías, libros de artista, registro de acciones— o los circuitos armados alrededor de Ulises Carrión y Felipe Ehrenberg, respectivamente en Amsterdam y Londres, que promovían un estrecho contacto con Hungría y la entonces Checoeslovaquia.

L
____

Coincidente con su espíritu experimental, como hemos visto, estas propuestas buscaban superar las tradicionales compartimentaciones en las artes a la vez que, con el paso de los años, iban incorporando el uso de nuevas tecnologías y nuevos medios. En 1966, el poeta Dick Higgins había propuesto el concepto de "Intermedia" para referir a este tipo de obras situadas en las fronteras de los sistemas semióticos visual, lingüístico, sonoro, performático. (6) Treinta años después, en 1995, el mismo Higgins señalaba la enorme proliferación de propuestas intermediales que se habían registrado en esas tres décadas, plasmando una gráfica —el "Intermedia chart—. Aparecían allí el arte correo, la performance, la poesía sonora, la poesía visual, los poemas-objeto, la poesía concreta, el arte conceptual, la danza-teatro.

En los años 90, con la aparición de las herramientas digitales de escritura, la transmedialidad, consustancial al medio, pasó a ser naturalmente determinante. Las propuestas concretas ensayaron nuevos espacios en los que las letras podían desplazarse en la pantalla, volverse interactivas e hipertextuales. También surgieron enfoques como la poesía procesual, la poesía generativa, la poesía *flarf,* la poesía de códigos y algoritmos, la net-poesía. Entrados en el siglo XXI, se registraron por su parte dos fenómenos: por una parte, la poesía experimental perdía en gran medida su marginalidad, creando un canon histórico propio; por otra, desde la aparición de la web 2.0, las propuestas de poesía visual en red se multiplicaban al infinito a partir de toda clase de nuevas herramientas gratuitas y de fácil acceso para cualquier usuario interesado —programas de diseño, de manipulación de imágenes, de creación de tipografías, plataformas prediseñadas—.

E

J.M. Calleja —poeta, artista visual, *performer*, editor, comisario, cultor del arte correo— se ha dedicado desde los años 70 a generar una amplia serie de iniciativas alrededor de la poesía visual -encuentros, antologías, exposiciones colectivas, obras en colaboración-, publicando igualmente numerosos poemarios con su propia obra. Lo visual, lo conceptual y lo hermético conviven en el particular "minimalismo poético" de Calleja, buscando suscitar una reflexión en el lector a partir de una cuidada economía de elementos. Su poesía es matemática, conceptual, con composiciones construidas muchas veces a partir de una idea previa muy precisa. "El poema está concebido como una pieza de relojería, con un engranaje perfecto, y el autor espera al lector al final de la cadena lógica", dirá Calleja. (7)

Desde una aproximación en ocasiones "cabalística" o "hermética", el poeta propone al lector múltiples juegos a descifrar a partir de reapropiaciones de signos, *collages*, uso de imágenes y elementos encontrados, dibujos, tachaduras, que actúan a manera de signos y en donde éste deberá adoptar una actitud de lectura activa a partir de sus propios saberes, posibilidades y potencialidades.

S
____

Perfiles presenta una serie de trabajos en los cuales Calleja interactúa y dialoga con las poéticas de diferentes creadores. Un perfil es una instancia que contiene información sobre un individuo, sus características y competencias. Pero aquí, *Perfiles* es un baile y también es un viaje. Es un baile en tanto que una suite es la unión de varias danzas de distinto carácter y ritmo: aquí, asistimos a tres suites en las que el autor realiza una danza poética con cada uno de los poetas que ha seleccionado. También es un viaje por países lejanos y a la vez cercanos, con diferentes paisajes y nacionalidades pero finalmente con un lenguaje común —el de la poesía— en el que las fronteras no existen; un viaje por los signos y por los espacios de la escritura. Cada una de las suites de *Perfiles* posee una coordenada espacio temporal específica: «Suite I, enero de 2020»; «Suite II, enero-abril de 2021» y «Suite III, mayo 2019-junio 2021». Calleja manifiesta, al final de la publicación, que el libro es un homenaje a poetas, músicos, performers y otros artistas con los que, o bien ha colaborado en diferentes actividades —performances, exposiciones, conferencias que ha realizado entre 2008 y 2019 en sus múltiples viajes por Hispanoamérica— o bien a los que reconoce como influencia sobre su obra. En estas tres suites, encontraremos creadores de diferentes generaciones, algunos históricos, otros muy reconocidos, otros no tanto, algunos ya fallecidos, otros muy jóvenes, en una red horizontal donde las jerarquías son dejadas de lado frente a la prevalencia de sinergias y correspondencias. Aquí propongo algunas claves de lectura que en modo alguno agotan los sentidos de esta publicación sino que apuntan a evidenciar su polisemia.

En la «suite I», podremos encontrar a un histórico como Juan José Tablada (1871-1945), quien, además de realizar caligramas, fue el introductor del haiku en la literatura hispánica. Calleja incorpora en esta obra como clave un ideograma del libro que Tablada dedicó a Li Po, en 1900. También encontraremos a otro histórico como Marco Antonio Montes de Oca (1932-2009), autor de *Lugares donde el espacio cicatriza*, un libro experimental publicado en 1974 que conjugaba palabra e imagen y que se encuentra aquí representado mediante el característico motivo del signo almohadilla o del tablero de tres en raya utilizado por este poeta.

También está presente Ulises Carrión (1941-1989) en un juego visual que incluye los nombres escritos a mano de tres de los poetas españoles pioneros de la poesía visual -Boso, Pino y Millán- sobre unas columnas de texto gráfico intervenidas, que hacen referencia a la obra de Ignacio Gomez de Liaño, mediante tachaduras. Carrión, radicado en Amsterdam, poeta, *performer*, editor, galerista, fue la gran figura internacional de la literatura experimental de los años 60 y 70.

No podía faltar Cesar Espinosa (1939-2022) junto su mujer, Araceli Zuñiga, grandes divulgadores de la poesía experimental latinoamericana y organizadores de las Bienales Internacionales de Poesía Visual/Experimental desde 1985 a 2009. Espinosa fue el creador de la serie SIC, letras que aparecen manuscritas en el correspondiente poema de Calleja, sobre un collage conformado por, entre otras cosas, un billete de Metrobús mexicano y la servilleta de una conocida pizzería de la ciudad de México. Igualmente, encontraremos a poetas de una generación más joven como Roberto Mata o como el poeta, académico y editor recientemente fallecido Carlos Pineda (1972-2017). La serie se cierra con una obra referente a Jordi Marrugat, joven crítico e investigador catalán con quien Calleja publicó un libro de *poéticas experimentales catalanas* en una editorial mexicana. Este poema consiste en la intervención del índice de un libro de Marrugat mediante los nombres escritos a mano de varios de los poetas que aparecen en la suite.

La «suite II» nos muestra una obra referente a un histórico como Nicanor Parra (1914-2018) —pionero de la unión entre poesía y artes visuales y creador de la «antipoesía»—. El poema está conformado por un *collage* realizado con fragmentos fotográficos de miradas colocadas sobre un *doodle* con todas las letras —menos la ñ— para un poeta que manifestaba que, «como los fenicios, pretendo formar mi propio alfabeto». (8) El siguiente trabajo remite a otro pionero chileno, Ludwig Zeller (1927-2019), y se apropia de la particular iconografía surrealista de éste: un número ocho y una especie de monstruo mitad pez-mitad caballo —formado a partir de imágenes de antiguas enciclopedias, al estilo de los *collages* realizados por Zeller— sumergidos en un mar de pinceladas azules. Luego, encontraremos a un poeta de la siguiente generación: Juan Luis Martínez (1942-1993). Este autor de culto publicó, en 1977, *La nueva novela*, un libro de artista que incorporaba poemas en verso, collages, imágenes de enciclopedias, problemas matemáticos, acertijos y que requería de una postura activa por parte del lector. En el poema de Calleja correspondiente, podemos ver la imagen apropiada de una de las obras de Martínez, reproducida originalmente en su libro póstumo *Poemas del otro*: la ilustración de un esqueleto duplicado junto con frases que reflexionaban sobre la idea del yo, del otro, del doble. Martínez concibió su obra a partir del conocimiento de la existencia de un poeta suizo-catalán homónimo. Calleja, por su parte, reproduce la obra duplicando los textos y alterando especularmente las palabras.

Finalmente, aparecen en esta suite una serie de poetas jóvenes pero ya con una importante trayectoria como Felipe Cussen —quien ha trabajado extensamente el tema del silencio y la nada—, Martín Gubbins o Gregorio Fontén entre otros.

Con respecto al poema dedicado a Daniel Madrid, éste refiere a los «Dibujollages» del artista. Incluye igualmente el motivo de los insectos, recurrente también en la obra de Calleja.

En cuanto a la «suite III», encontraremos primero a tres históricos: Edgardo Antonio Vigo, Juan Carlos Romero e Hilda Paz, los tres provenientes de escuelas de arte, formados como grabadores y con un marcado espíritu militante en las décadas del 60 y 70, en una época en que se registraba una fuerte voluntad de unión entre el arte y la teoría social. Edgardo Antonio Vigo (1928-1997), fue grabador, poeta visual, artista de acciones, cultor del arte correo, editor y uno de los principales exponentes de la novísima poesía. Tanto Hilda Paz como Juan Carlos Romero (1930-2017), fueron pioneros de la gráfica experimental en Argentina.

Calleja cita a Vigo con un poema en el que incorpora iconografía propia de sus propuestas de arte correo. Especialmente, sus sellos y sus «pájaros de Carolo» —pajarillos que dibuja su pequeño hijo Carolo en 1977 y que aparecen de manera recurrente en su obra—. Por ejemplo, en las postales de la serie «Set Palomo free» —una campaña internacional para promover la liberación de Palomo, otro de sus hijos secuestrado por el gobierno militar— o en sus trabajos gráficos. En cuanto a Hilda Paz, las imágenes elegidas por Calleja, que en este caso son palabras —«Funestas acciones», «Sueños negros»—, guardan la fuerte impronta xilográfica propia de sus obras. Romero, por su parte, es citado a partir de su famosa cartelería urbana, con sus características palabras y frases de fuerte contenido sémico: «Violencia», «Terror», «Ahora todos somos negros». A continuación, Calleja aborda a una siguiente generación, con poetas como

Claudio Mangifesta —poeta con quien Calleja ha editado en colaboración libros como el ya citado *Travesía* (2017) o *…xyzA-Cdef…, antología de poesía visual argentina y catalana* (2019)—, o Fabio Doctorovich, cofundador del grupo *Paralengua*. En el primer caso, bajo la leyenda «Nos robaron los árboles», aparece un mapa trazado a mano de una zona de Quilmes, en la provincia de Buenos Aires, lugar natal de Mangifesta, junto con la etiqueta de una botella de cerveza *Quilmes*, elaborada en dicha localidad. En el segundo caso, la cita se da a partir de la incorporación en el poema de la tabla de Mendeleiev intervenida con diferentes letras del alfabeto, siendo Doctorovich químico de profesión. La suite se completa con una serie de artistas y poetas un poco más jóvenes como Thornton y Silvio De Gracia. En la obra del primero, Calleja, sobre un fondo que recoge todos los títulos del autor (*…Poemas gráficos, 15 poemas políticos…*) aparece un estudio del caballo *Sforza*, relacionando el ajedrez como punto de encuentro. El poema relativo a De Gracia está intervenido con una serie de sellos de Hotel DaDA, una galería especializada en arte correo y poesía experimental ubicada en la ciudad de Junín, también en la provincia de Buenos, localidad de la que se reproduce un fragmento de mapa, sobre un fondo que enumera los títulos de los monográficos de la revista Hotel DaDA.

En cada una de las poesías de este libro, el lector va descubriendo diferentes capas de sentido, citas, guiños, intertextualidades. Las lecturas de las piezas son abiertas: están plagadas de codificaciones que, en ocasiones, uno es capaz de descubrir y, en otras, seguramente a uno se le escapen, en esta propuesta de lectura activa y de exégesis en la que, como decía el propio Calleja, nada está puesto al azar sino pensado como un mecanismo de relojería perfecto.

Menezes, Philadelpho, «Poesia visual: reciclagem e inovação», revista Imagens, Campinas, Brasil, enero de 1996.

Eco, Umberto (1987), «Para una guerrilla semiológica», *La estrategia de la ilusión*, Buenos Aires, Lumen/de la Flor.

Millán, Fernando y García Sánchez, Jesús (eds.) (2005), *La escritura en libertad, Antología de poesía experimental*, op.cit.

Millán Domínguez, Blanca, «Visualidad y experimentación en la poesía de la neovanguardia española», op.cit.

Millán Domínguez, Blanca (2012), *Ñ, Poesía visual en España*, op.cit.

Higgins, Dick, «*Something Else Newsletter*», febrero de 1966.

Mariona Masgrau, «La poesia visual de J.M. Calleja: vocació de gènere», Quadern Nº192, Fundació Ars, Sabadell, Barcelona.

Parra, Nicanor (1954), *Poemas y antipoemas*, Santiago de Chile, Editorial Nascimento.

BIBLIOGRAFÍA

Calleja, JM (2006), Transbord, Tarragona, Arola Ediciones.

Calleja, JM (2007), Homenajes, Valladolid, Tansonville.

Calleja, JM (2013), Huellas, Poemas Visuales 1974-2006, México, Carlos Pineda Editor.

Calleja, JM y Marrugat, Jordi (2018), Poéticas experimentales catalanas, México, Carlos Pineda Editor.

Calleja, JM y Mangifesta, Claudio (2019), …xyzA-Cdef…Antología de poesía visual argentina y catalana, Badalona/Buenos Aires, Pont del Petroli/Tiempo Sur.

Gache, Belén (2005), Escrituras Nómades, del libro perdido al hipertexto, Gijón, Trea.

Gache, Belén (2019), Edgardo Vigo y la edición en red, Badajoz, Museo Extremeño e Iberoamericano de Arte Contemporáneo.

Hill, Crag y Vassilakis, Nico (2012), The last VISPO anthology: visual poetry 1998 -2008, Seatle, Fantagraphics Books.

McCaffery, Steve (1998), «Writing as a General Economy», Christopher Beach (ed), Artifice and Indeterminacy: An. Anthology of New Poetics, Tuscaloosa, University of Alabama Press.

Menezes, Philadelpho (1994), A crise do passado. Modernidad, vanguarda, metamodernidad, San Pablo, Brasil, Editorial Experimento.

Millán Domínguez, Blanca (2012), Ñ, Poesía visual en España, Madrid, Información y Producciones.

Millán Domínguez, Blanca, «Visualidad y experimentación en la poesía de la neovanguardia española», Tintas. Quaderni di Letterature iberiche e iberoamericane, marzo de 2014.

Millán, Fernando (2000), «Boso, Campal, Castillejo. La escritura como idea y transgresión», https://www.merzmail.net/laescritura.html (consultado el 1-6-2024).

Millán, Fernando y García Sánchez, Jesús (2005), La escritura en libertad. Antología de poesía experimental, Madrid, Visor.

Perfiles
J.M. Calleja

Suite I

José Juan Tablada

guiado por su
mano pálida
Los gusanos de
seda el pincel
que formaba
en el papel
negra crisálida
de misterioso
jeroglífico
de donde surgía
como una flor
un pensamiento
magnífico
Con alas de oro
volador
AAAA   BEDJ   JLNOSTU

Marco Antonio Montes de Oca

January
3 april
30
5 June
22
september
14
28 8 october
14
november
18 december
artecorreopoesiavisual

Ulises Carrión

definitiva,
de artistas, ha

presenta no solo p[...] [...]a y sentido a
la obra de un único autor, sino también con
la intención de situar la poesía experimental
[...]a dentro de los relatos que confor-
man la historia del arte, de la que no ha estado
ausen[...] por completo[...] que siempre
ha ocupado[...] capí[...] y desdibuja-
do. Es en este punto donde la figura de Igna-
cio Gómez de Liaño parece clave como caso
de estudio, lo que posibilita pensar la poesía
experimental, no como isla sino como archi-
piélago. Sus trabajos poéticos, escritos, así
como[...] complejidad de[...] numerosas
colaboraciones[...] realizadas
con el núcleo de artistas que formaron par-
te de su red artística, aparecen atravesados
por los principales rasgos que configuraron
el espíritu más vanguardista del heterogéneo
experi[...]

[...]tistas, nacional e internacional, que
[...]enta no solo para dar forma y sentido
[...]bra de un único autor, sino también co[...]
[...]a intención de situar la poesía experimenta[...]
espa[...]a dentro de los relatos que confor-
man la historia del arte, de la que no ha estado
ausen[...] por completo[...]ero en la que siempre
ha ocupado[...] capí[...]lar y desdibuja-
do. Es en este punto donde la figura de Igna-
cio Gómez de Liaño parece clave como caso
de estudio, lo que posibilita pensar la poesía
experimental, n[...] como isla sino como archi-
piélago. Sus trabajos poéticos, escritos, así
como la[...]ica comple[...]da de[...]s numerosas
colabor[...]iones y co[...]s realizadas
con el núcleo de artistas que formaron par-
te de su red artística, aparecen atravesados
[...]los principales rasgos que configuraron
[...]ritu más vanguardista del heterogén[...]
[...]smo español

de artista[...]

presenta no solo para dar forma y sentido[...]
la obra de un único autor, sino también co[...]
la intención de situar la poesía experimenta[...]
e[...]a dentro de los relatos que confor-
man la historia del[...]rte, de la que no ha estado
ause[...] completo, pero en la que siempre
ha ocupado un ca[...]tulo insular y desdibuja-
do. Es en este [...]to de la figura de Igna-
cio Gómez de[...] rece clave como caso
de estudio, lo que posibilita pensar la poesía
experimental, no como isla sino como archi-
piélago. Sus trabajos poéticos, escritos, así
com[...]la complejidad de las numerosa[...]
co[...]nes y col[...]uc[...]nes realizada[...]
co[...] úcleo de artis[...]s que formaron pa[...]
te[...]e su[...]ed artís[...]ica p[...]vesad[...]
por los principales rasgos que configuraro[...]
el espíritu más vanguardista del heterogén[...]
experimentalismo español, cuya huella es v[...]
sibl[...]

César Espinosa & Araceli Zúñiga

MODA
S
TÚ ERES UNA MÁS
Pizzabrosa
mmmm
QUEJAS Y SUGERENCIAS: 55 39 28 00
CORREDOR ECOLÓGICO
Trolebús
con cero emisiones
ES SU SEGURO DE VIAJERO
UN VIAJE
CIUDAD DE MÉXICO
Decidiendo Juntos
BY
SiC

[28]

Carlos Pineda

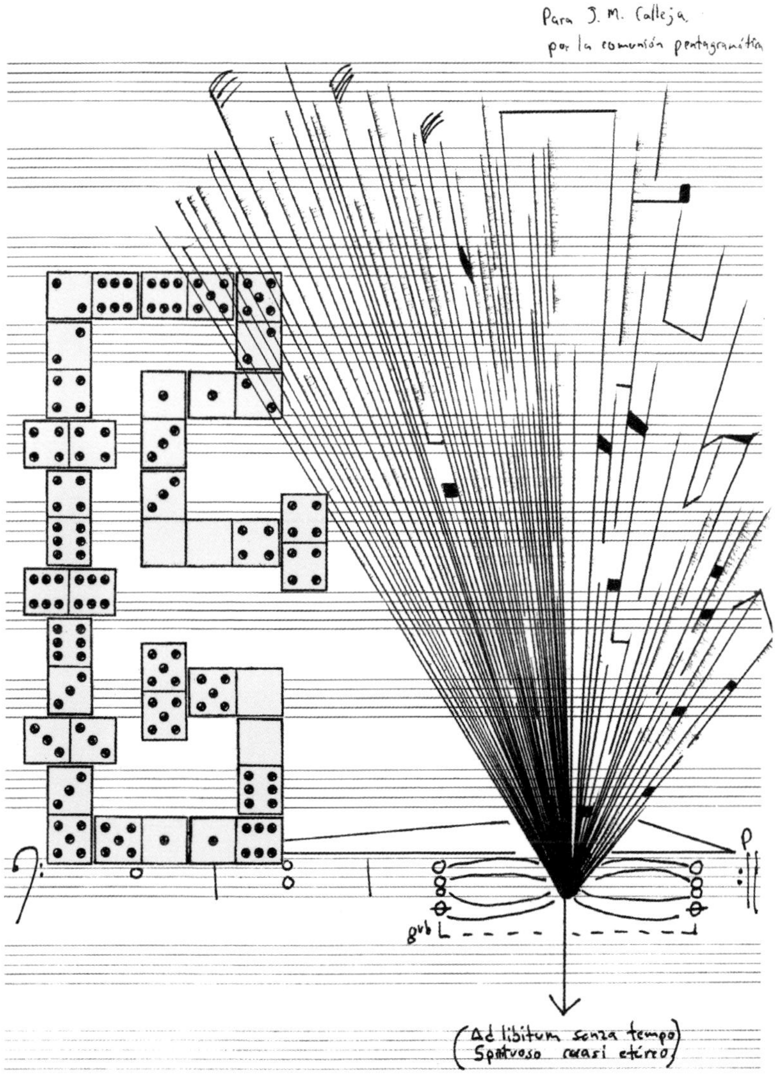

Para J. M. Calleja,
por la comunión pentagramática
(Ad libitum senza tempo)
(Spirituoso quasi etéreo)

[30]

Miguel (así, sinapellidos)

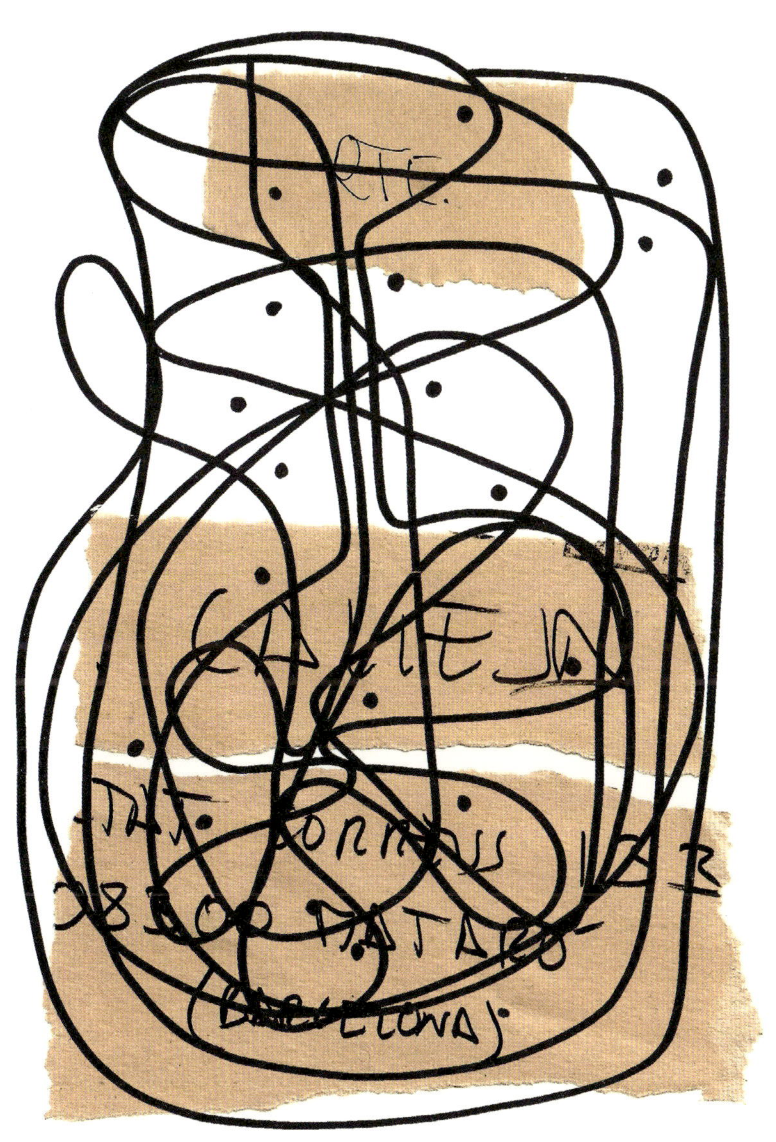

Raudel Sánchez

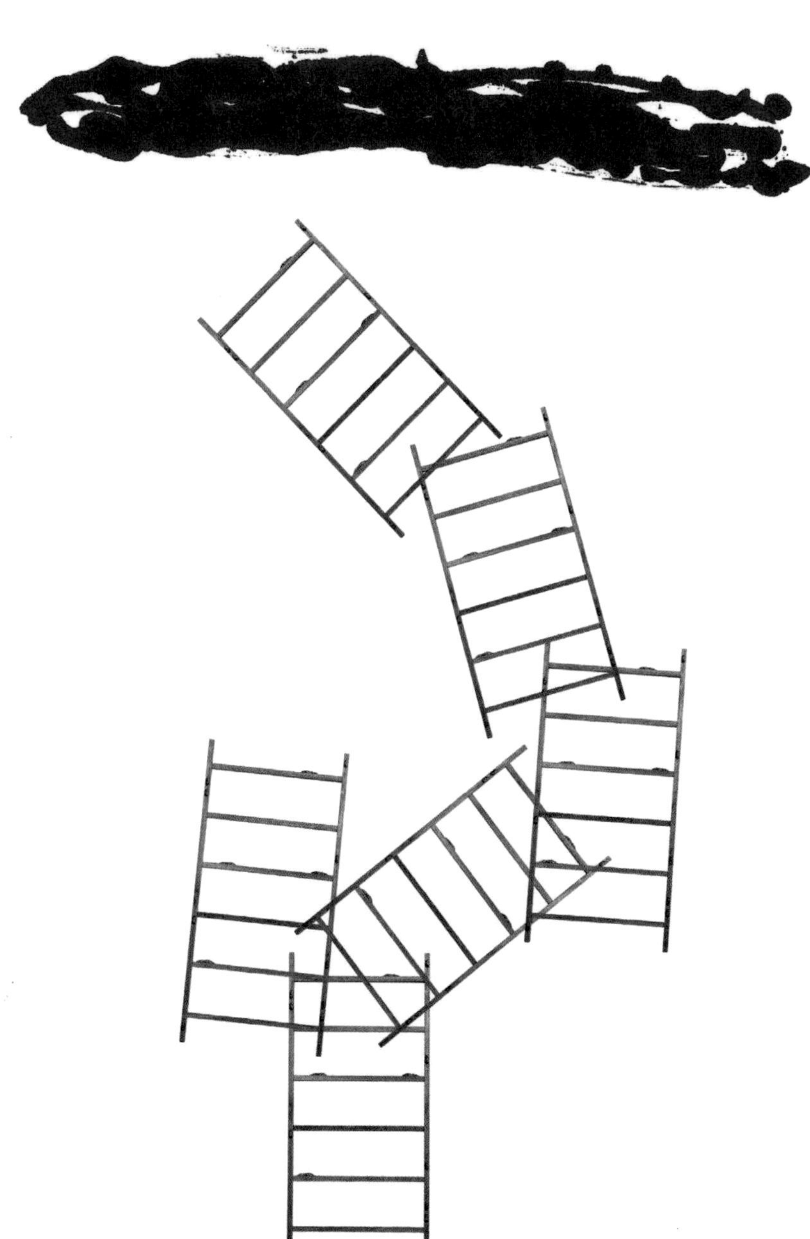

[34]

Rodolfo Mata

303 - WZB
qué decir
doble
naturaleza

Rubén Mendieta

Jordi Marrugat

INDEX

Suite II

[42]

Nicanor Parra

[44]

Ludwig Zeller

8

[46]

Juan Luis Martínez

estoy doblemente tranquilo
tranquilo doblemente estoy

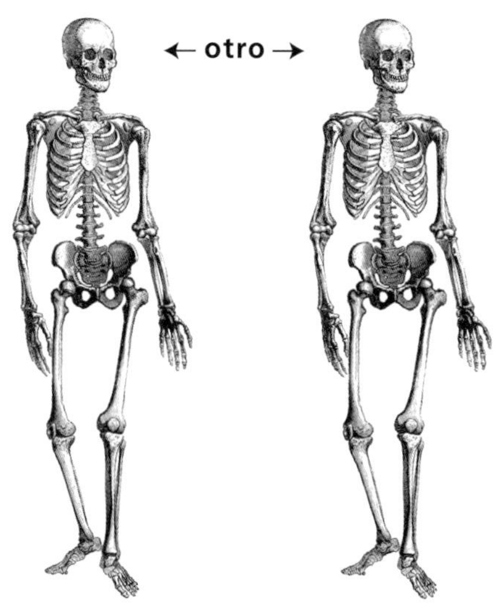

EL "YO" Y EL "NOSOTROS"
EL "NOSOTROS" Y EL "YO"

MANO A MANO QUE
ES MEJOR OLVIDAR
QUE MANO A MANO
OLVIDAR MEJOR ES

[48]

Felipe Cussen

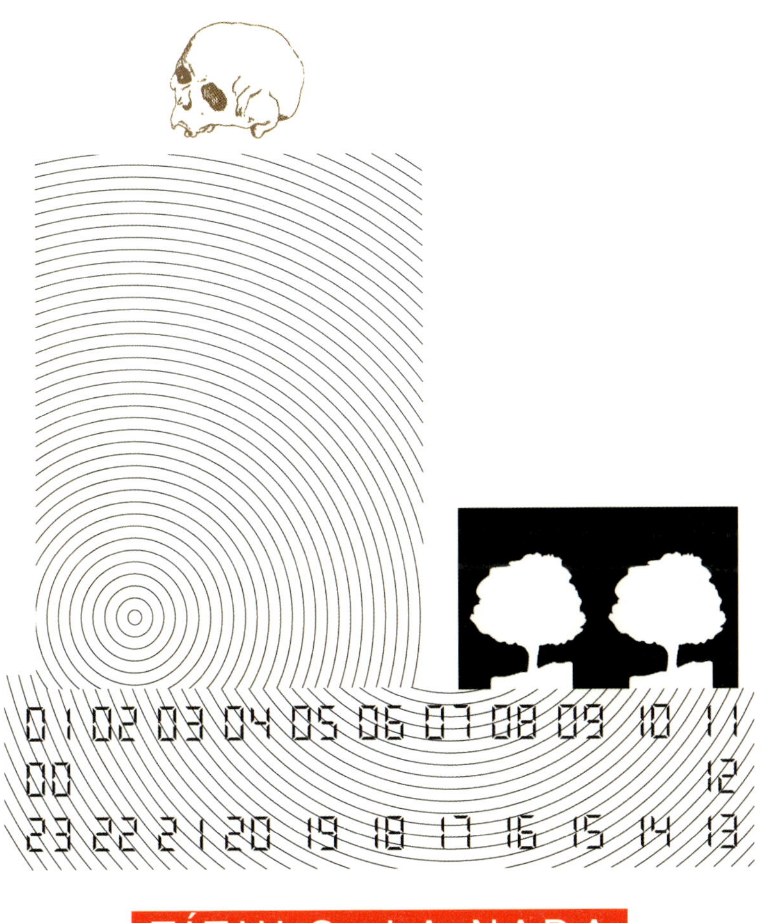

01 02 03 04 05 06 07 08 09 10 11
00
12
23 22 21 20 19 18 17 16 15 14 13
TÍTULO: LA NADA

Martín Gubbins

Martín Bakero

AABEIK MNORRT

[54]

Gregorio Fontén

FG   FM

Daniel Madrid

[58]

Carla Burgos

6   Pablo Neruda   A U N
28   Pablo Neruda   20 Poemas de amor   Losada
86   Pablo Neruda   Canto general I   Losada
87   Pablo Neruda   Canto general II   Losada
250 Pablo Neruda   Los versos del Capitán   Losada
27   Pablo Neruda   El habitante y su esperanza   Losada
272 Pablo Neruda   Residencia en la tierra   Losada
305 Pablo Neruda   Cien sonetos de amor   Losada
277 Pablo Neruda   Tercera residencia   Losada
372 Pablo Neruda   La barcarola   Losada
373 Pablo Neruda   Antología esencial   Losada
375 Pablo Neruda   Navegaciones y regresos   Losada
380 Pablo Neruda   Cantos ceremoniales   Losada
381 Pablo Neruda   Memorial de Isla Negra   Losada
EL PAIS   Veinte poemas de amor y una canción desesperada   Los versos del capitán   NERUDA
PABLO NERUDA   GEOGRAFIA INFRUCTUOSA
LOSADA   LA ROSA SEPARADA   NERUDA
LOSADA   JARDIN DE INVIERNO   NERUDA
2000   NERUDA
LOSADA   EL CORAZON AMARILLO   NERUDA
LOSADA   LIBRO DE LAS PREGUNTAS   PABLO NERUDA
LOSADA   ELEGIA   NERUDA
LOSADA   EL MAR Y LAS CAMPANAS   NERUDA
LOSADA   DEFECTOS ESCOGIDOS   NERUDA
Losada   FIN DE MUNDO   Pablo Neruda

[60]

Ivo Maldonado

Suite III

[64]

Edgardo Antonio Vigo

LUFTPOST
PAR AVION
VIA AEREA
USINA
PERMANENTE
DE CAOS
CREATIVO
bird
J. M. CALLEJA
APARTAT 133
08300 MATARO
ESPAÑA
MAD
2 8
Libertad
Freedom
1994
LUFTPOST
PAR AVION
VIA AEREA
PÁJAROS
"CAROLO"
EDICIONES "BIOPSIA"
LA PLATA ARGENTINA
0830
bird
CORREO ARGENTINO
$ 110
EDGARDO - ANTONIO VIGO
Casilla de Correo 264
1900 La Plata
Prov. Bs. As. - Argentina

Hilda Paz

acá

y

ahora

nadie

ve

la

luz

sobre

las

tinieblas

tiemblen

sueños

Juan Carlos Romero

TERROR

AHORA
TODOS
SOMOS
NEGROS

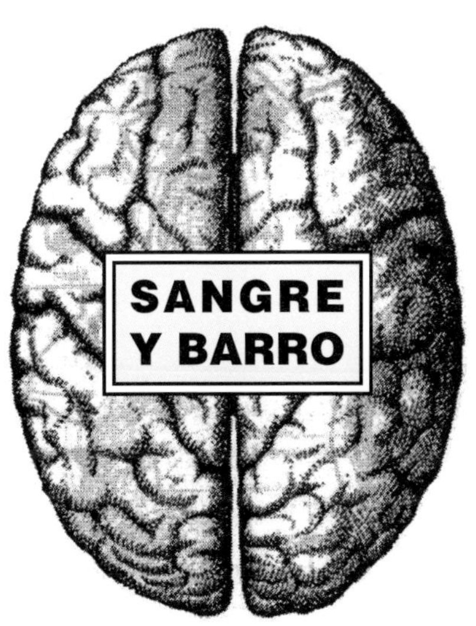

SANGRE
Y BARRO

DESOCU
MARGIN
EXCLUS
EXTINC

VIOLENCIA

Fabio Doctorovich

gestos

silencios

susurros

ruidos

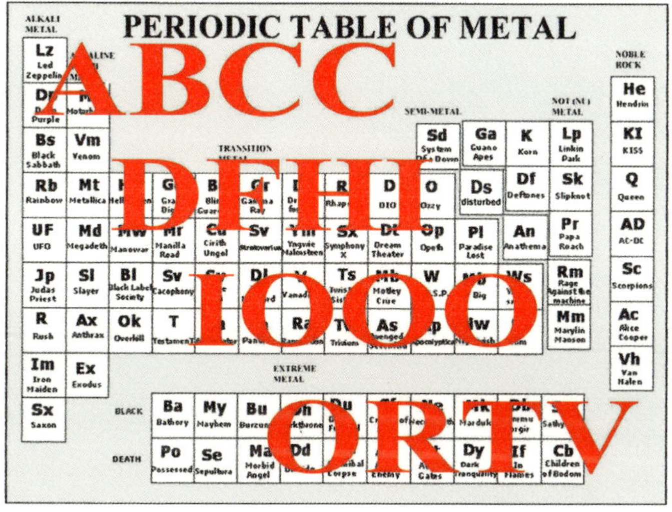

ir ⟷ volver

subir ⟷ bajar

largo ⟷ corto

ancho ⟷ estrecho

Nelda Ramos

N	E	L	D	A			R
		C				E	A
	D	O			J		Z
	A	M		E			N
	N	P	T				E
D	I	A	L	O	G	A	R
	E	R				R	T
	L	T			O		
	A	I		M			
		R	A	M	O	S	

[74]

Ariel Gangi

Land, og, da de vare komne sig lidt af Forskrækkelsen, indsaae de,
at Dragonerne maatte have glemt at medtage deres Skydevaaben,

eftersom de i modsat Fald vilde have skudt paa dem. I god Behold
kunde de derfor ligge paa Aarerne og vente paa Udfaldet. Men

endnu havde de saameget af Forskrækkelsen i sig, at det ikke faldt
dem ind at roe tilbage og hjælpe deres Chef af med de tre Ryttere,

som havde stillet sig op imellem ham og hans Fartøi. Wessel saae
tydelig, at han maatte hjælpe sig selv, og saa greb han til et

Krigspuds. Det var ikke saa længe siden, at to fjendtlige Linieskibe
havde bragt ham i en Fælde ved at skyde med Skarp under et andet

Flag end deres eget: kunde de gjøre det overfor hans Fregat, da
behøvede han vel ikke at være meget nøieseende overfor tre Dragoner.

Derfor svarede han Ja!, da disse spurgte ham, om han vilde overgive
sig, idet han standsede i sit Løb tæt ved dem. Den midterste af

dem red da frem og rakte Haanden ud efter den dragne Sabelkaarde,
som Wessel holdt i sin Haand; Wessel hævede Armen som før at

række ham Vaabenet; men næppe var den hævet, før han med den
øvede Fegters Behændighed og Kraft gav Svenskeren et saadant Slag

tværs over Haandleddet, at den lammede Arm sank magtesløs ned
langs Siden paa ham, og Fyren selv gik fra Sands og Samling.

1714

146

Gabi Alonso

SALTA

SALTA

SALTA

Y EL

MAL

ESPANTA

Estela & Claudio Mangifesta

¡NOS ROBARON LOS ÁRBOLES!

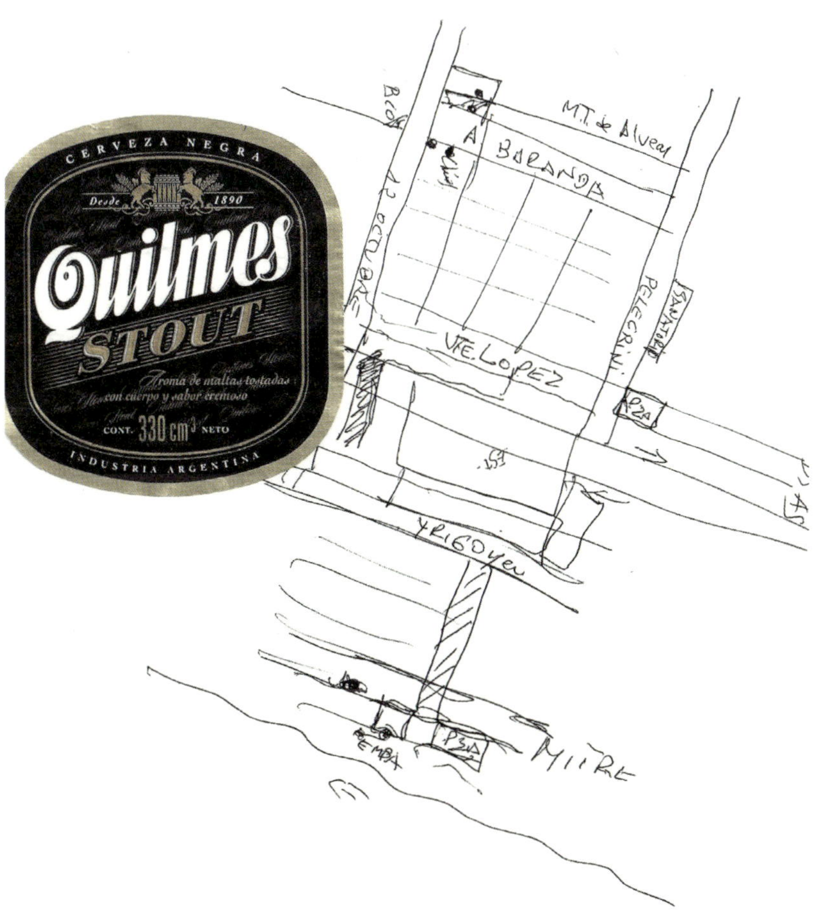

[80]

Alejandro Thornton

POESÍA VI
SUALPROB
LEMA GRÁ
F DE
MA
NTA LOS1
5POEMASP
OLÍTICOS

[82]

Silvio De Gracia

1 – La democratización del
arte. 2 – Arte Correo
Electrónico. 3 – democracia
restringida. Arte Correo
y las nuevas tecnologías. 4 –
Homenaje a Edgardo Vigo. 5 –
Art ... rdo

DADA. Poesía
sin margen. Desborde
del borde. 12 – Rubber
Stamp Art. 13 – Rubber
Stamp Album. 14 – Poesía
Acción. 15 – La nada. 16 –
Collages. 17 – Copy Art y

Perfiles es un homenaje a poetas, músicos, performers y otros artistas que he conocido en los últimos años (2008-2019) en mis viajes a Argentina, Colombia, Chile, México y Uruguay, y que me han permitido colaborar con algunos de ellos. También quiero aprovechar estas líneas para agradecer la acogida que algunos de ellos me brindaron en sus hogares; para otros, es un reconocimiento a su trabajo y a la influencia que puede tener en el mío.

ÍNDICE